JN438307

아그리파의 바다

아그리파의 바다

주 대 원 제3시집

도서출판 천우

제1부

열반제

제2부

아그리파의 바다

제3부

도솔천 보이차

제4부

묵향

제5부

봉정암

제1부

열반제

줄다리기

한진항 항구에
배가 들어오네

봄비가 내리고
꽃이 피네
봄비가 오네
내 꿈도 비에 젖어가네

틀모시*에
비가 오네 줄다리기

마을에 가로수도
봄비에 젖어가네

* 틀모시 : 틀못[機池] 또는 틀모시라고도 불러왔고, 줄다리기는 원래 줄난장이라고 했다. 예전에는 기지시줄다리기를 틀모시줄난장이라고 불렀다. 줄다리기로 인하여 난장이 벌어졌다는 뜻이다.

눈

미워할 수 없는
눈이 옵니다

내 가슴에
가랑눈이 내리네요

운명처럼 잡으면
사라지는 눈이건만

분홍빛 사연
봄이 오면 다시 또

꽃이 피고 초록빛으로
초록의 빛으로

피어날 때면
당신을 부여잡고
울겠지요
눈물을 흘리겠지요

언덕

슬프고 한스러운
원망과 장탄식

푸른 언덕에
꽃 심고 나무 심었더니

꽃이 피고
꽃이 지네

눈물 닦고
콧물 닦고

꽃
구경가자

님

달밤에
달님의 정기 받아

산책하는 님
달빛의

힘을 받아
건강과 아름다움

고이 간직하고
그 님의 마음속 깊이

소풍

가을철
경치 좋은 산천

소풍놀이
꽃잎 따서 차 마시고

산천의
아름다움

그려보네
봄가을

꽃의 노래
나무의 노래

하루

절에 스님이
안 계시고
부처가 없었다
오늘 해도 다 지나가고
별도 지나간 자리
해가 동쪽에서
솟아오르네
아침 이슬빛에
눈이 부셔
부처님 깨우네

봄 1

봄꽃 피는
연못에는

연꽃이 자리 잡고
규범에 따라
살아있소

한도 많고
서러움 많은
그님도

님의 운명
그 사랑도

사랑 1

고추 당초
옛날

고추의 매운맛
그 님

아름다움도
내 깊은 곳에

간직한 채
어머님도 묻고

그 님의 사랑만을
생각하고

꽃의 노래

꽃이 지붕마다
가지가지마다
은빛이네
찔레꽃 개울마다
흔히 피었네
사랑하는 그대와
장독 뒤에 핀 봉숭아
사랑하는 그대와

향기

어디 있나요
그리운 노래

그 님의 향기를
찾아서

그 님의 길을 따라
님의 향기를 찾아

꿈을 꾸면
아름답고 고운

그 님을 찾아
황천길이라도
따라가겠소

아미산

깊은 밤 내리는 가랑비
푸른 산 밑 푸른 물
꽃이 핀 산 봄별
따뜻한 봄 햇살에
만물이 화창하게 자라나고
꽃 숲 속 아미산 위에
걸린 반달 까치가 우네
숲 속의 꽃과 풀
초목이 우거진
나무 그늘과 아름다운
숲과 풀 해와 달이 갈수록
푸른 아미산

팔아산

푸른 나무
아름답게 우거진
풀들이 꽃보다 아름답다
유월의 팔아산
풀잎에 맺힌 이슬
하늘가에 흘러가는
조각구름 나무를 흔드는
솔바람 소리
무성한 숲 속에 앉아서
맑은 바람과 숲의 향기
마음의 문
활짝 열어놓고

독도

금빛 물결 은빛 물결 길
따라 오르니 민들레가
곱게 피어나고
강아지풀 쇠비름나물
이 얼마나 아름다운 곳인가
하이얀 기품 따라
물속에 꽁치 복어 전어랑
춤을 추고 눈물을 흘리며
아름다운 이야기
괭이갈매기의 노래
길을 따라 흐르네

슬픈 추억

바라보면 오래된 꽃

연초록 잎
싹이 돋아나고
허리가 굽네

흰 깃털 같은
할미꽃
그리운 그 님 생각

양지바른 언덕에
슬프고 안쓰럽게

봄바람 은빛 머리
휘날리며

상사초

사랑합니다
말하여도

사랑을 모르는
상사라네

고운 상사
여기에 뿌리를
내리고 있다

아름다운 상사화
피어나서

이루어질 수 없는
사랑을 하나

길

샛노랑
단풍 고운 색으로
내려오네

감이 감을 보고
익어가네

고운 단풍들이
순수하고 아름다운

겨울 길
열어주려 하네

생의 중요한
아름다운 사랑

나비

번나비
미나리에 호랑나비
팔랑거리며 잘도 난다
임의 방에
임의 고운 방에
나도 꽃이란다
시든 꽃
병들은 꽃도
꽃인 것을

허무 1

모래 위에
잔잔한 물결

외로운
금빛 백사장

푸른 하늘
푸른 언덕

양 떼들
반야와 함께

인생은 한번 피는 꽃
세상에 진다 해도

새싹이
핀다 한들

일월산

해와 달을 가장 먼저 본다는
일월산 어머님 품속 같은 그곳
산나물 어수리 취나물로 넘치는
산마루에는 그리운 사람 기다리는
숲 속 계곡 흐르는 물소리
산자락 골짜기마다
아름답게 피어 이름 모를
야생화 꽃 무리
자연이 내려준 산이던가
줄기마다 골짜기마다 곱고
고운 빛만 넘치네

허무 2

그해 가을은
고독한 계절이었다
별도 보기 싫고
밤 기러기 울음소리
정다웁게 들려와도
왠지 슬펐다

가슴 아픈 가을날 님이 떠나갔다
님 가신 머나먼 하늘나라
저승길 황천이라도
구월의 꽃 단풍 그리며
꿈을 꾸었네
귀뚜라미 울음소리
구슬피 들려오는 밤

열반제

오늘이 마지막 날인 것처럼
끊어졌던 꾀꼬리 소리 더욱 새롭네
연못 그늘에 불 켜고 둘러앉아
또 예전처럼 차 달여 마시세

안개가 맑게 피어 자욱이 얼어버리네
차 달여 시객(詩客)을 대접하는데
무슨 약이냐 묻는 스님 어여쁘다

해는 서쪽으로 기우는 데
비는 동쪽에서 내린다
시객과 다인이 한배를 타고
시원한 강바람이 밤을 삭인다

시냇물 콸콸 흘러 바위에 부딪히고
다인이 얽혀 가늘게 숲을 뚫는다
산사의 구름과 안개가
보이차로 하여금 여기 놀게 하는구나

영천의 물이 우유보다 더 좋은 것은 알지만
한 봉지의 용정을 달여 볼까 하노라
차 마시며 세속을 벗고
좋은 곳에서 좋은 시(詩) 대하니
참선하는 경지로다

보이차의 길

가을비 내리는 날은
보이차를 달이는 꿈을 꾸는 날이 있다
스스로 이 세상의 다리가 되어
강을 건너는 꿈을 꾸는 날이 있다

새는 자기 길을 안다
새들이 하늘 높이 길을 내지 않는 것은
그 위에 별들이 가는 길이 있기 때문이리라

세상의 때를 묻히고 싶지 않거든
달빛 체질의 불과 얼음
그리고 보이차 한 잔에
초월을 꿈꾸는 추락의 상상력

그 고고한 우수와 비애
당신은 지금 어느 벼랑에서
달빛 차를 마시고 있는가

빈 가슴을 채우고도 남을
가슴에 묻어두면
보석이 될 한마디를
작설차 속에서 만나고 싶다

그대 아름다운 모습이여
슬픔에서 기쁨으로
목련에서 진달래를
개나리에서 산 벚꽃으로 오라

잃어버린 차향

푸른 것들이 어깨를 툭 친다
울지 말라고
산 옆구리를 끼고 절벽을 오르나
이 세상에 없는 길이다

보이차 향기가
몸속에 들어와 앉는다
산속의 산
산 위의 산을 본다

보이차 안에는
너무 차고 맑은 물살이다
열정과 고독 사이
나는 누구인가

가만히 바라보리라
새까만 숯으로
태울 때까지

황홀하게
너를 사를 때까지
너를 끓인다

제2부

아그리파의 바다

SNS 바다

소년이여
가덕도 바다의 숲을 건너가라
그리하면 불덩이처럼
뜨거운 대답을 하리라

소년이여
가덕도 바다의 노을처럼
언젠가는 너도 노인이 될 것이다

눈앞에 없는 사람
너는 찬란하지 않은 돌
파도의 그림자라고
나는 몽당연필로 쓰고 있다

파도의 파도 사이로
꽁지가 아름다운 물새들
파도 위 오선지에 악보를 그린다

단어와 문장들
수십수백 갈래로 흔들리고
한 방울의 물방울이
빗물에 섞이며
불기둥으로 내 가슴 위로
뛰어오른다

바다는 바다가 아니다

적도가 울고 있다
난 그 파도의 아이들을 달랜다
빨갛게 울고 있는 것들이 아닌
노랗게 우는 것들
섬과 섬 사이에서
파도와 파도 사이에서
튤립 백만 송이 피어난다

부서지는 파도에
너도 그 사이에 있었으면
이 세상 애와 증은
저 꽃밭에서부터 출발한 것
소녀가 다시 자전거에 오르고
바다의 아이들도 다시 울기 시작한다

바다의 앞에서 뒤로
뒤에서 앞으로 가슴과 가슴
뺨과 뺨 맞대고
썰렁한 섬 옆구리 어루만지는
난 바다의 열차 타고
따뜻한 남쪽을 더 가야 하리라

아그리파의 바다

밤바다 항해를 하다 보면
조선백자 하나를 만난다

백자에는 한옥 다섯 채와
허물어진 돌담길
팽나무 한 그루
동네 한가운데 앉아 있다

바다가 난동을 피우고
깨어진 백자도 황소 울음소리에
아물고 한 번 더 깊어진다

야간 항해는 오케스트라의 지휘봉
일시에 일어났다가 가라앉는다
숨겨진 욕망, 그 욕망이
은밀히 숨겨져 있다

사랑하는 바다로 떠난
사내들의 아내여 외로워질 때마다
야간 항해로 초대한다

바다에게 길을 묻는다

무명옷 갈아입어도
바다의 여행길에는
쉬이 나그네가 따라나서네

세상에 들러
잠시 마음 들뜨는
바다의 섣달 그믐날

바다에 묻으면
내 아이도
꽃으로 피어날까

바다의 나무를 쪼개어 보아도
그 속에는
아무 꽃도 보이지 않네

바다의 매화를 아는
마음도 자기 자신이요
바다의 코도 그 자신인 것을

피기만 하여도
바라보기만 해도
꽃 지기만 하여도
몇 개의 바다를 건너고 싶어라

파블로프의 바다

바다는 아무 일도
일어나지 않게 한다
기도 소리가 나고
발소리가 들리는
환청에 머리를 흔들었다

한 사람을 사랑하는 일은
백 사람을 사랑하는 일보다
어려운 바다의 이성인가

올해는 한 사람도 사랑하지 않으리
올해는 술을 줄이고 운동을 하리라

바다는 차가운 나의 기타
바다는 순식간에
잭나이프의 나비처럼
날개를 접었다 펼쳤다

수많은 첫눈들이 지켜보는
환한 대낮에
바다의 나비들은
꽃에서 지갑을 열어보고 있다

동그라미 바다

갈라진 바다의 벽 틈으로
불빛이 흘러든다
바다는 아무 일도 없다는 듯
도시처럼 다시 환해진다

바다는 오랫동안
다른 이름으로 살기를 원한다
아직도 이런
바다의 집이 있다

집 앞 물가에
버드나무 한 그루 심고
나귀가 좋아하는
호밀씨도 뿌린다

바다는 거대하다
바다는 천천히 먹고 잠자고
천천히 이동하고 있다

벌써 삼만 년째 석상이 되어
바다는 내 몸을 쇠사슬로 묶고
내 등에 바다의 의자가 놓여있다
바다의 식탁과
사무실 침대가 어우러진다

대칭과 타협의 바다

사물 속에 빛나는 고통처럼
또 바다에 저녁이 오고 있다
새살이 돋아나는 통증인가

바다의 부서진 초침과 분침
부드러운 상처 속에서
뿜어져 나오는 바다의 별들

어머니, 당신 없는 바다의 고향 집
바다의 문설주에 기대어
봄 우뢰를 듣고 있다

어머니, 당신은 언제
손거울을 꺼내 그 모습 보시나요
친정집 툇마루에서 꽃잠 드시나요

바다의 얼음 위에 울리는
성스러운 바다의 미사 시간
새떼들의 날갯죽지에서 빛나는 햇살

정삼각형 바다

아래로, 아래로 떨어지는
바다의 꽃들 속에서
마지막으로 허공의
바닷바람 냄새를 맡는다

물새들은 죽으면서 울음을 울까
울음 끝에 심장을 갖고 있을까
파도의 작은 몸뚱이는 따뜻하고
바다의 산골짜기를 날아온 꽃들이
물새의 숨결처럼 바다에 흔들린다

바다도 모르는 사이
영혼과 육체가 완전히 허물어져
바다의 담벼락에 기대면
깨진 거울 속에서
줄기 없는 꽃처럼 피어
당신과 끝내 가보지 못한 바다
당신이 절뚝이며 꽃을 따 주던 꽃길에
바다 밑을 숨죽이며 뭍으로 기어오르는
고래 한 마리
그렇게 봄날이 오고 있다

오래된 바다의 밥상

바다의 사막에서는
바람 속에 무덤을 만들지 마라
꽃과 사물의 집을
말 없는 사랑을 그리워하지 마라

바다의 피를 운반하고 싶다
어두운 대낮의 둥근 슬픔을
바다의 아침을
높은음자리표로 이루어진
바다의 우주

유년의 바다는
걷고 달리고 있다
바람의 심장을 달고
신부를 기다리는 첫날밤처럼
짧은 시간 속에 들어가리라

바다의 밤, 꽃들은 피어난다
뿌려진 산호초 눈물에 취해
바다의 허공을 가득 메운
물새들의 메아리가 떠도는
무한 고독 속의 섬
바다의 새벽은 솟아오른다

녹슨 바다의 풍경

쓰러지고 쓰러지고 쓰러짐이여
캄캄한 세상 모든 것들이여
굴리다 마는 염주, 떨어지는 상수리여

밤바다의 항해
여기는 어느 나라 적멸보궁인가
산도 바위도 가부좌 틀고 앉아 있는
저 바다 안개는

바다에서는 못질을 배워보자
다림질을 해보자
이제 더 이상 돌아갈 길이 없으리라

나는 급한 물살이다
바다의 지붕에는
분홍 깃발이 펄럭인다

제주도에서 나는 또
붉은 펜을 든다
급한 물살에서도 하얀 배 드러내고
저것들을 흰뺨검둥오리들이라고 생각한다

밤바다에서 그리운 너를 만난다
바다의 오선지에
높은음자리표가 있었다

한밤중에 일어나 손을 펴 본다
우리들의 핏속으로 흐르는
꽁지가 예쁜 물새들의 아우성
어둠 속에 엉겨드는 그것들을 본다

신호등 없는 바다

서귀포 바다
호주머니가 없다
불편하지 않고
행복하다

바다에 뭔가
넣어 두었으면 좋겠는데
너덜너덜한 생각
거두고 싶었는데

내가 제주도
밤바다가 되어 보기로 한다
깊고 푸른 바다의 손들을
모두 한 번 거두어주기로 한다

갑자기 모슬포가 생각난다

거기에 나를 맡겨본다
누가 내게 쪽배를 띄운다
바다의 절벽은
갈매기와의 메타포인가

바다에 쓴 편지

지금 나는 제주도 바다의
고급 메타포를 배우고 있다
좋은 메타포란 얼마나
넓고 깊은 바다의 가슴인가

파도는 파도와 싸워 빛난다
싸워 빛나지 않는 것들은
파도가 아니다 손을 높이 들고
날 초대하지 않고 싸울 때
제주도의 파도는 더 빛나고 있다

바다의 절벽 앞에서
보라, 저기 저 서귀포의 파도를
싸우지 않고 어깨동무하고 가는 것들을
모두가 역동이요 생산성 아닌가

작은 거품이 큰 거품을 삼켜 버릴 때
박수를 치자 파랗게 삼삼칠 리듬을
파도의 음악당으로 보내보자

우리는 적도에서 다시 만난다

삐꺽이는 파도와 파도 사이로
이슬 깔린 차가운 돌층계 위에서
길 없는 길, 바다의 길 위에서
우리는 다시 만나고 있다

전라도 경상도
동해와 남해
그리고 서해에서 온 친구들
비와 바람과 새벽안개 속에서
처음 우리는 서로 손을 잡았다

폐허의 바다
허무의 바다 그 목조 이 층 다락방
어두운 바다의 지하실
노 교수의 쩌렁대던
세계해양 문학사 강의 소리 들려온다
바다의 책장을 넘기면 은은한
신라의 말발굽 소리 밀려온다

그해 겨울 새벽 부산 7부두
바다로 떠나는 사내들의 기침 소리
강원도 어느 산골에서

생선가게를 한다는 3항사 윤 씨
충청도 산읍에서 정미소를 한다는
조리사 강 씨

차 마당에서

인간사 다 물리치고
바위 밑에 숨어 산다
송풍 회우의 끓는 물에
차 달이며 시장을 달래노라

종이와 먹에 집착하여
부질없는 세월을 허송했네
책 읽으며 오래 앉아 배기니
문득 차 생각이 치솟음을 견딜 수 없네

꽃이 피자 우물물이 따뜻한데
식욕도 저버리고 마음이 활짝 열리노라
별 하나 태워
저 가엾은 하늘로 날려 보낸다

찻자리 걷고 옛이야기를 즐기는데
휘영청 밝은 달이 비추고
바람이 불어오매 사람들이 흩어지네

산이 절로 마음을 이루고
바위가 병풍을 둘러친다
행복도 절도 따름에 풍류지가 있으니
암자에도 스스로 꾸려 나가는 나그네 같다

아버지의 바다

목련꽃 아래 죽은 새를 들고
영원히 낡아가는 바다의 모래 틈
이 어두운 저녁의 골목길에서
마구 달리며 날아오르는 저녁 새들

죽은 자의 지붕에서
별들이 하나씩 돋아나는 밤바다
등뼈를 가진 생물은 울어야 하는
바다의 길, 아침마다 꽃 핀다

미래의 문들이 달린 바다를 향해
뿔 나팔을 불고 있다
바다를 향해 심호흡을 하고
조율한 휘파람을 날려 보낸다

내가 울 때 두고 온 바다의 속눈썹
그대가 울 때 젖을까 심장 속에
두고 온 가난한 바다의 푸른 눈썹
바다의 옷자락에 불빛을 비추리라

섬

내 안의 나로부터
멀어져가는 것은
섬과 섬 사이
사람과 사람의
그림자 사이
안개처럼 사라지는 밤
나무도 오래 살다 보니
어느새 섬이 되는구나
죽음을 알리지 말라는
당신의 유언
이락사 돌기둥에
새겨져 있네

적소에 잠든다
남해군 삼동면 물건리
사람들 가슴과
가슴 사이로
은비늘 반짝이며
뛰어오르는
은사시나무 같은 고기들

우리가 아직도 바다
마음 깊은 곳에서
서로를 붙잡아주지도 못한다면
자석처럼 결합한다 해도
언젠가는 몇 개의 바다를
건널지도 모르리라

언제부터인가 나는
바다를 좋아하게 되었다
그래서 지금 나는 그대와
헤어지려는 것이니
내 마음 변했다고 생각진 마라

사랑한다는 것
그건 사랑받는다는 것
언젠가는 연인에게 가장 귀한
존재가 될 수 없는
그것이 바로 우리의 바다 아니냐

유배지에서 부르는 노래

남해 미조항 멸치잡이 어선
흔들리는 뱃전에 오르며
키 작은 슬픔들
젖은 비늘 반짝이며
생의 그물 속으로 젖어버린다
남해 미조항에 오면
나는 죄인이 된다
오늘 하루도 바람이 불 때마다
나는 비늘처럼 괴로워하였다
여름 장맛비가 시나브로 내리던 날
배는 죄를 싣고
포구를 떠날 수 없다
비 내리는 유배지
달도 기운
오월 그믐
동백꽃마저 붉은 눈
치켜뜨고
적막한 노도

제3부

도솔천 보이차

사랑 2

사랑하는 것
그건 사랑받는 거
언젠가는 가장 귀한
존재가 될 수 없는
그것이 바다 아니냐
하이얀 조각달처럼
바다 위에 띄워져 있는
조각배처럼
세월이 물같이 흘러간들
누구를 생각하고
누구를 사랑하고 있는지

바다

꽃잎도 바다에 떨어지고
삶의 유언도 사람과 함께
바다에 떨어 떨어지네
울지 마라
바다에 떨어진 것들은
바다에 닿는 순간
모두 바다가 되는구나
이순신의 눈물겨운
마지막 그 말씀
말씀도 절실하면
화석이 될 수 있네

항해 일지

큰 거울 앞에
멀고 가까움이 없다는
화엄경 말씀처럼
당신의 바다에
닿을 때마다
번뇌 망상이 원을 그린다
돌이켜 보면
산속의 암자가
한 개의 섬으로 떠오르는
남해 금산 보리암
세파에 지친 가슴
뜨겁게 어루만지면
해바리 마을 유자나무
눈에 잘 띄는 울타리마다
노랗게 내어 걸게 하네

허무의 바다

어둠의 바닷속에 불붙이는
세 개비의 바다 성냥
첫째 바다는 그대의 얼굴을 보고
둘째 바다는 그대의 두 눈을 보고
셋째 바다는 그대의 입술을 보려고
오늘도 그대를 품에 안고 있다

어떤 바다 사내가
비수처럼 느껴질 때
날카로운 것으로
바다의 마음을 마구
흔들리게 한다

허무의 바다 그대는 바다를
아직도 사랑하고 있는지

우리가 바다 깊은 곳에서
아직도 만나지 않는다면
사랑을 어떻게
이해해야 할까요

그대여

찻잎 편지

부처님께 차 공양 올리는 인연
파릇파릇 푸른 잎 다완 마음 같구나
저고리 색 꾀꼬리 갈잎의 노래
참 잘 어울리는 옛이야기

햇차 향그런 맛 너무 싱그러워
가만히 합장하고
무심(無心)으로 금강경 읽으면
새록이 피어나는 선정삼시(禪定三時)

홀연히 보고 싶은
어릴 적 고향 어머니 부처님
큰 법당 꿈을 안고
베갯머리 꿈속에 학 두 마리 춤춘다
바람결에 나부끼듯 꽃잎이 지면
가을 달 솔가지에 걸어두리라

도솔천 보이차

백설(白雪) 간간 뿌리면 애간장 녹아
두어 마리 학이랑 청산을 바라본다

눈이 내려 눈뿐인데
기러기 기러기 외기러기
타고 왔으랴

눈 오고 바람 부니 차기만 한 대
봄빛 가득 안고 보이차 한잔으로
미소 짓는다

수국이 좋아서 소쩍새 수국수국
울다가울다가 가을이 된다

꽃도 지고 없는데
보이차 속의 하늘빛이 파랗다

청국장 끓는 냄새
어머니 사랑 속에
정화수 찻물 받아
도솔천 오가는 첫사랑
동백꽃 사연 석류처럼 익는다

조주차

신선 풍류에 젖으며
좋은 차를 마신다

문을 연 찻집이 많구나
담백하고 산뜻하며
순박함이 본디 그 맛이다

거문고 일곱 줄 가락을
밤새도록 하염없이 뜯노라

햇빛 아래 스님은 호미를 갖고
차나무 씨앗을 심는다
처마 밑 대밭을 걷고 밖을 내다보니
산색이 울긋불긋하구나

구름 문을 벗 삼아
호떡에 조주차(趙州茶)
한 잔 마시고 간다

티끌 같은 온갖 번뇌 망상이
너풀거리며 해를 가린다

한 사발의 차

차 달이는 진한 향기
석풍을 타고 오네
귀한 차는 몽정산의 차 맛을 이었고
샘물은 혜산천에서 길어온다

뜨락이 비었으니 솔방울이 떨어지고
집안이 고요하니 향로 연기 가득하다

하늘 끝을 바라보면 얼마나 슬퍼했는가
차 달이는 연기와 좌선을 수행하기 위해
빈 의자 하나 마련한다

홀로 앉았으니 보이차 맛이 더욱 깊고
오랜 잣나무는 높은 누각에 뻗쳐 있다

질그릇 발우에는 차향이 더욱 희게 비치네
날마다 차를 들고와 나의 갈증을 해소시키고
산새는 숲 건너서 술잔 들라고 우짖고 있네

바다, 내 여자의 열매

바람이 분다
내일이 올까
바다의 층계를 오를 때마다
파도의 숨이 차오를 때마다
나는 구름을 사랑하고
구름 위의 물새 발바닥 따라다닌다

나는 이제 인어공주상에 누워
내일을 위한 중요한 질문 하나를 묵상한다
나는 슬픔에 겨운 생을 살았지
어머니와 아버지의 이름으로
그 아들과 딸의 이름으로

이 세상에 없는
숲의 나날들을 그리워하며
우리는 이젠 지친
노새처럼 쉬고 있다

우리는 초대장 없이
해운대 동백숲에 모여들었다
그리고 생각날 때마다
밤새도록 울고 또 울었다
생각날 때마다 울기만 하는
물새들의 노랫소리

바다, 불의 전차

나에게는 해운대 바다가 필요하다
아무것도 아닌, 아무것인
모든 것이 이해되는
단 한 순간이 필요하다

바다의 입맞춤에는 깊은 어둠을
파도의 엉덩이에는 짙은 침묵을
그러나 이 지상에 명료한 그림자는 없으리니

언젠가 우리들의 운명이
희미한 옛사랑의 그림자처럼
흰수염고래의 아득한 노래처럼

섬과 섬 사이에서
작고 투명한 물새가
물방울이 되어 날고 있다

해운대에 갔을 때
여기에서 저기까지
나이 어린 신의 어리광처럼
새해 새 아침에 첫눈이 내리고 있다

바다에서는 누구도 알지 못한다
나의 과거는 무국적의 고아라는 사실을
해운대는 말하지 않을 것이다

당신과 내가 원하기만 한다면
모든 것이 동시에 끝나리라

바다, 오래된 골목

애인이 없는
바다의 몸에게는 기쁘다
옷 갈아입지 않아도
세상을 진흙이라 보는 눈도
하얀 바다의 연꽃

바다의 휘파람새가
매화나무 잔가지에
똥을 누는 허무의 바다

헤매다니는 바다의 꿈
불타버린 바다 들판의
새소리 바람 소리

내 것이라 생각하면
바다의 삿갓 위의 눈도
가볍게 느껴진다

단칼에 베인
지난밤의 꿈은 허무였나

바다의 첫눈 위에
오줌을 눈 자는
도대체 누구일까
은빛 갈매기일까

바다의 깃발

너무 울어
바다는 텅 비어 버렸는가
나팔꽃 한 송이 깊이 모를
심연의 빛깔

외로움에
바다는 꽃을 피웠나 보다
봄날의 바다, 온종일 쉬지 않고
산벚나무 너울거리네

바다의 한 촛불을
다른 초에 옮긴다
봄날 저녁

짧은 밤
겨울벌레의 털에 맺힌
파도의 이슬방울들

바다의 별은
어디서 노숙하는가
바다의 은하수처럼

죽은 어머니
바다를 볼 적마다
볼 적마다

바다의 모래알처럼
수많은 별 그 속에
나를 향해 빛나는
별 하나가 내려다본다

외로운 바다가 다리를 건넌다

지금 가덕도엔 아무것도 없네
나지막한 돌 하나라도 있다면
그 위에 앉아 서로서로를 향해
바다로 떠난 사내들은
무슨 생각을 하고 있을까

깨진 유리창 한 장 한 장
무너진 빌딩 한 층 한 층

지금 가덕도엔 아무것도 없네
원래 아무것도 없었던 것처럼
녹슨 철사처럼 구부러지는
해운대 바닷가의 운명

산 자와 죽은 자
선한 자와 악한 자
기쁜 자와 슬픈 자

몇 개의 바다를 지나서
허공에서 영원히 헛돌고 있는

지상의 어느 문에도 맞지 않아
허공에서 영원히 헛돌고 있는
고단한 지상의 방 한 칸이여
생과 사의 고단한 열쇠여

바다의 마을을 지나며

저 걸인 바다
하늘과 땅을 입었다
여름옷으로

휘파람새 우는
겨울 새벽이 추운
바다의 귀뚜라미

한밤중
움직여 위치 바꾼
바다의 은하수

바다에 오면
아기 못 낳는 여자
인형 모시는 것
애처롭다

죽은 사람의
소매 좁은 옷도
지금은 볕에 널리고 싶다

한밤중 몰래
물새들은 달빛 아래
밤을 뚫는다

바다, 봄을 읽다

이 세상 바다 어디를 가도
나는 꽹과리를 두드리라

겨울 바다는
여운만 남은 기관총 소리다

낡은 군복 입은 바다의 언덕
짓밟히고 부러지고
퇴각한 흔적들 위에서
기쁜 전황 알리고 싶은 급한 호흡들

밤바다에서 할머니, 하고 부른다
오냐, 하는 목소리가 들려온다
그 목소리 새소리 물소리
깊은 산사의 바람 소리 같다

어느 섬에 피어 그 섬 오가는 뱃머리와
하늘에 머물렀다가 갯바위 위에서 어릴 적
나를 어루만진다

노을 곁으로 지팡이 짚으며 사라지듯
안 사라지듯 오냐 오냐 하며 가신다

유목민의 바다

나는 우연히 가덕도의 삶을 방문한다
인간이기 위하여
사랑하기 위하여
무에서 무로 가는 도중에
가덕도가 있었다 우연처럼

파도의 수학은 아르키메데스의 점을
우주에서 배꼽으로 옮겨온다
한 가슴에 두 개의 심장을 잉태한다

인간의 영혼을 만드는 가덕도
태어나기 전부터 들려온
심장을 별처럼 달고 다닌다

바다를 다스리는 자는
가덕도의 물새로 다시 태어난다
가덕도의 침묵은
슬프다는 것도 안다

가덕도의 나이
천사는 지금 여기 어디에 있는가

나무와 나무 사이를 날아가는 새처럼
가덕도의 파도는 말이 없다

가덕도는 책을 덮고
바다로 떠난 사내들의 창밖을 본다
한 번 가덕도의 심장이 뛸 때마다
한 개의 기념비적인 미래가 태어난다

바다, 세상의 둥근 지붕

해운대는 나무로 된 고요함
위에 손을 얹는다
그때 기쁨, 죽음으로부터
유리와 불과 돌 속에서
하느님이 조금만 더 도와줄 수 있다면

고양이 한 마리
해운대 모래사장에
낙엽처럼 누워 있다

바다로 떠난 사내들은
친구들과 죽은 자의 차이가
사라지는 것이 참으로 부질없다

바다는 물새들의 비극이다
해운대는 그 집을 지켜야 한다
세면 셀수록 부스러지니까
그럼에도 해운대는
춤을 멈추지 않는다

해운대의 집은 문이 없다
그들의 집은 불타는 이층집 구조로
이루어져 있다

제4부

묵향

산차

불이문으로 가는 길
깨끗하고 푸른 봉우리 마주한다
주장자 걸어둠은 불법을 배우려 하네
고향산의 옛집을 꿈속에서 그려본다

꽃차 달이고 달빛 삶아
세상 근심 씻어낸다
신선 같은 인품 종과 범패 소리가 적합하고
북쪽 동산에서 새로 만든 차를
동쪽 숲에 사는 스님에게 보낸다

차 향기로 가득한 그곳에서는
함부로 입을 열지 말자
냄새 속에서는 억지로 막지 말라
솥에는 녹차를 달이고
향로에는 안식을 사룬다

오봉산 앞에 있는 옛 바위굴
그 안에 전물이라는 암자 하나
나는 이 암자에서 살아가나니
경전도 보지 않고 계율도 가지지 않으며
향도 사르지 않고 좌선도 하지 않네

입산

작은 가람에 처량한 가을비 내리는데
오직 처마에 기대선
차나무 한 그루 서 있다

발우에 담은 어린
채소잎 껍질 벗었는데
앉아서 평온하니
평상 하나에 족하다

조용히 소나무 길
거닐며 스스로 즐거워하네

물 한 병과 한 솥의 차로
갈증 나면 끌고 와 손수 끓이고
옳고 그름과 슬픔과 즐거움 모두 잊었네

눈 속에 보배처럼
훌륭한 다객(茶客)이 있다면
차를 달여 두드리며
나를 위하여 부르세요
그대가 그대를 대접하며
행식하라 입산하라

해운대

아, 하늘 한번 쳐다보게
누가 오는가 보네

그 손 찾아보게
찾아 흔들어 보세나

고운 최치원 선생의
바람이 차고 푸르다

누구의 집에 들러
대문 저리 슬프게 열며
지나가는 걸까

아, 한 번 바라보게
무얼 벗어 놓고
부처님은 또 저렇게
맑고 푸른 미소일까

해운대 파도가 열리면
난 무엇으로 노래할까

이럴 땐 나는 옛 툇마루에 앉아
돌아오지 않는 흰 옷자락을 생각한다

송정 앞바다에서

손바닥에서 슬프게도
불 꺼진 바다의 반딧불이여

섬과 섬 사이에서
사람과 사람의 그림자 사이에서
이름 몰라도
모든 바다의 풀 바다
꽃들도 피고 진다

길고 긴 바다
눈 덮인 바다의 들판
밤새도록 경전을 읽는 사이
나팔꽃은 활짝 피고 있다

파초에는 태풍이 불고
오늘은 대야에 빗물 소리
파도 소리 듣는 밤이여

바다의 산길 넘는데
왠지 마음 끌리듯
홀로 피어 있는 제비꽃

초겨울 찬바람 바다의 문을 나서면
나도 길 떠나는 사람인 것을
바다의 집 다섯 채
무엇으로 세상 길 건너나

소금 바다 집 한 채

오늘 하루도 불 켜지 않고
내가 먼저 용서의 편지를 쓰리라
봄날의 바다는 꿈
미치지 않는 것이 한스러워라

어린 은어들
두 갈래로 나뉘어
헤엄쳐 오르고 있다

어린 은어는 서쪽으로
지는 꽃잎은 동쪽으로

바다의 흰 물고기들
마치 움직이는 물빛 같구나

파도의 아지랑이여
다만 바다의 무덤 밖에서
살고 있을 뿐

바다의 밑바닥
바위에 가라앉는 나뭇잎 하나

네, 네 하고 말하여도 계속 두드린다
눈 덮인 바다의 대문들

바다, 슬픈 빙하

바다의 옷소매를
풀잎이라 여기는가
기어오르는 반딧불이

인생에 대하여
바다는 고개를 끄떡이려나
마타리 꽃 사연들

오늘 하루도 불 켜지 않고
내가 먼저 용서의 편지를 쓰리라

바다에서 불 밝혀도
불마저 힘이 없구나
가을 저녁 해운대

바다의 방 옆에 불도 꺼지고
해운대 밤이 차다

한 줄의 시와
달콤한 감을 좋아했다고 전해주세요
바다로 떠난 사내들이여

바다, 꼭 하고 싶은 거짓말

나의 바다에
채송화가 피어 있다

먼 산 뻐꾸기 종일 울어댄다
어디서 또 봄이 전복되었나 보다

개와 고양이 지나다니는
무너진 담장도
찬란한 저 꽃밭에
바다의 문도 세우지 못했다

홍해가 갈라지는 아침
찢어진 범선 같은 귀를 펄럭이며
한 무리의 대륙이
새로운 바다의 길을 이동해간다

바다는 저 고집 센 꽃으로부터
뿔을 뽑아내기 위하여
짐승을 쫓아내고 근육을 덜어내고
바다의 심장을 채찍질하였다

바다의 민들레 역은
부산역 다음에 있다
고삐 매여 있지 않은
바다의 녹슨 기관차 한 대

바다의 민들레는 오늘도
종알종알 달린다

백설

백설 새
초여름 숲에서
목청을 한껏
백 가지로 변하는
백설
산 구석구석마다
울음소리 들리고
골짜기는 저마다
향기를 자랑하네
무명재의 새는
수줍음 많은 듯
소원을 말하네
아름답고 순결한
백설의 인사

내 마음

흑산도 깊고 푸른
찬란한 물결
파도 위에 산과 바다가
한마음 한빛으로
파아란 바다, 하늘, 산…
사랑하고 떠나는
돌길 고운 섬
황금빛 물결 사이로
저무는 마음여행

병상

병상 창 너머로
하이얀 눈, 뭉게구름
구름처럼 달려옵니다
슬픔까지도 녹이듯
시린 가슴 달래줍니다

바위

설악의 대청봉 공룡 능선
골마다 멋진 금강송
신흥사를
지나노라면 흔들바위
전설을 따라왔다는
울산바위
설악에 묻어둔 미운 사랑
모두 다 흘려보내고
눈부신 하늘빛
얼마나 아름다운 풍경이련가
통일 대불 앞에 비나이다
나무 관세음보살

불

삼신 탱불
잘 익은 가을 곶감
주렁주렁 매달려 있네
홍매화는 각 항전을 위한
매화인가
길상암 매화는
더욱더 수려하다
화엄의 숭고함 아래
받힌 돌 업어놓은 연꽃무늬
조각조각 어여쁘라

개여울

앞 시냇가
실버들 늘어져
얼음덩이들
흘러 흘러내리네
그 고운 얼굴 주름살
깊어가는 세월의 물굽이
해와 달, 날이 갈수록
흐르는 물속에
내 꿈을 실어 보낸다

금산

비단실인가
금빛 넘실대는
남해의 바다를 보면서
보리암 암자의 넋
태조의 옛 정취 찾아보네
그대와 오르던 금산
돛단배 타고 님과 함께
금빛 물결 가르고
한눈에 바라보는
남해의 절창이여

덕숭산

수덕사를 뒤로하고
산을 오른다
개미와 산벌처럼
산기슭에 핀 야생화
일엽스님의 혼령인가
지나간 발자취마다
염불 소리 젖어드는
노오란 구절초의 노래
정상에 오르니
당진 서산 예산의 수려함
한눈에 보이는 아름다운 날

덕유산

봄에는 연분홍빛 철쭉꽃
향적봉 덕유평정 철쭉
백련사 설천봉 고사목
월성계곡 아름답구나
삭풍이는 겨울에는 눈꽃 세상
유혹하는 덕유산 풍경
자연의 신비에 취하는
풍류가객의 봄날

연곡사

빨갛고 노오란 꽃 단풍
물들어가는 가을 풍경
어여쁜 단풍잎 피아골 연곡사
현각선 사탑비 아픈 사연 간직한 채
동승탑 승탑비 북승탑 삼층석탑
소요대사탑 천년고도 신라의
절경을 자랑하듯 형형색색으로
물드는 연곡사의 가을

불일폭포

익양 평사리
고소성 하동 녹차 밭
길을 걸으며 화개 쌍계사
속세의 무거운 짐 내려놓고
일주문 중턱에 오르니
불일폭포의 운무와 산새의
웅장함, 계곡 사이로 흘러내린다
물의 빛 젖어드는 고려의 지눌 국사
용추 학못의 이름 모를 그 향기
마디마디 스며드네

천년송

밴사골 깊은 골짜기
와운 마을 명선봉에서
영원령으로 흘러내린
능선을 따라
늠름한 자태 뽐내는구나
생강나무 신갈 벚나무
둥굴레 고사리 산철쭉
곱게 피어났네
한아시와 할매송*
와운 마을 굳게 지키는
터줏대감 수문장

* 한아시와 할매송 : 전라북도 남원시 산내면(山內面) 부운리에 한아시(할아버지)송과 할매(할머니)송이 20m 간격으로 자생하고 있다. 천연기념물 제424호로 지정되었으며, 수령이 500여 년으로 추정되는 이 소나무는 우산을 펼쳐 놓은 듯한 반송(盤松)으로 수형이 무척 아름답다 수형이 무척 아름답다.

남천강

남천 강가에 한 조각
이끼 낀 자갈돌
버들가지 그늘도
강촌에 해가 저물어가니
하늘마저도 살며시 잠이 드네
남천강 하구에 피어나는
곱디고운 연꽃 푸른 물결
넘실거린다

바다의 술통

꿈속 일인 듯 손끝으로 잡아 본
바다의 작은 나비

모란꽃 지고 고요히 겹쳐지네
바다의 꽃잎 두 세장

바다로 떠난 사내들 울음 울면서
나무 위의 풀벌레
바다 위로 떠내려가네

허무한 바다 내게도
분명 밤은 깊어지겠지
외로울 거야

이상하다
바다의 꽃그늘 아래
이렇게 살아 있는 것

바다의 연잎 위에서
이 세상의 이슬들 일그러지네

하루에도 몇 번씩 내린 함박눈의 깊이를
스스로에게 물어보고 싶다

봄에

화창한 봄날
사내는 가을이요
계집은 봄날이라

산들바람 가슴으로 달려들면
능수버들 강기슭
강물 속 비단잉어
물 위에 나부끼는 잠자리 떼

꽃 같은 사연일랑
물살에 띄워 보내리

시냇가에 부용꽃
부처 같은 연꽃

해와 달이 가득가득
화창하고 아름다운 봄날

봄 봄

새싹이 파릇파릇
꽃바구니에 나물 캐는
그 님
꽃바람 불어 좋은 날
해와 달이 가는 줄도
몰랐네
고운 꿈 안고
한도 많고 사랑도 많은
연분홍 봄 봄
오로지 내 님만 그리워하며
애타는 춘절 기다리네

노고단

노고단 신령이신 산신 할머니단
반야봉 천왕봉 너머 어머니 산
아픈 사연들 간직한 채
지혜로운 산
노고단 피정지 벽난로 보며
천년고도 살아온 천은사
골짜기에 핀 야생화
길섶 계곡마다
물소리 졸졸졸
아득히 먼, 섬진강 바라보니
멋스러운 운해가 장관이로다
붉고 붉은 단풍 꽃물 들고
억새 사이로 저 너머
신라 화랑들의 외침 소리 들린다

오대산

평창의 맑은 공기 마시며
물 맑고 산수 좋은 오대산
숨 가쁘게 오르니 천 년 숲
초록빛 숲길 따라 곱게 핀 야생화
월정사 옆 정기 어린 전나무
시원스런 계곡 물소리
봄기운 서연한 월정사
문수보살 발자취 따라
구룡폭포 소금강 연화담
선녀탕의 전설을 누가 알리요

아침

고운 햇살 눈부신 아침
골짜기에 당도하니
남쪽에서 날아온 새들
반갑게 맞이하누나
저 홀로 숨 가쁜 사랑
하는지도 몰라
지극한 뜻 헤아리지 못하여도
아침 이슬에 비단 실 같은
마음을 담아 더욱 창아하여라

제5부

봉정암

봉정암

백담사 계곡 흐르는 물
때 묻은 마음 씻어낸다

비단으로 수를 놓은
설악의 총 천연 빛 단풍
소청 밑에 조용히 자리 잡은
봉정암 부처님 사리 경건하다
새들의 노래 벗 삼아
어둠이 내리고 밤하늘에
은하수 별 무리 유난히 반짝이는
봉정암의 밤

마음 1

살구 꽃 핀, 고향 마을
홑 적삼 입은 산처녀 눈요기
지게 작대기 내려놓고 먼 산 너머
강을 바라보니 하염없이 흘러가는
물살의 울음소리 들린다
겨울 찬바람은 겨드랑 사이로
파고들어 더욱 시려 와도
청매화 피어 새들이 노래하고
백두산 정상에는 솔바람 불어 좋아라

마음 2

달빛이 눈에 가득가득
차오르는 어느 날
장독 뒤에 숨어 있는
외로운 그림자
내 마음 알아주는 듯
우리네 가을 하늘
더없이 맑고 높구나
내 마음도 두둥실
달처럼 허공에 떠오르네

시냇가

비 내린 시냇가
푸르른 풀잎들
살랑거리네
아카시아 향기 그윽한
나무아래 앉아서
석양을 바라보니
산들바람 사이로 꽃들이
저마다 자태를 뽐낸다

백두산

초등학교 추억을 뒤로하고
언덕에 올라서니
산새 소리 고요한 사월
진달래 붉은 기운
내 마음도 타오르네
호젓한 그림 같은 시례골 마을
하늘가에 구름도 두둥실
무릉도원이 따로 없네

가을 1

나무는 고요히 있지만
바람이 나무를 놓아주질 않네
사람 없는 민둥산에 낙엽 덮인 흙
저 먼 서산 쪽에는 달이 있고
동쪽에서 햇살 비치니
달이 빛을 안고 서서히 사라지는
쓸쓸한 가을
가을 하늘은 더없이 맑고
기품 있는 정기는 더욱더 높다

봄 2

노고지리 솟아나는 봄
노오란 병아리 온종일 보리밭 돌며
어미 닭을 찾아 삐약삐약
복숭아꽃 오얏꽃 피어나는
봄 봄
병아리도 꽃과 같이
아름다운 봄날 풍경

들판

넓은 평야 김해 들녘
어쩌자고 그리도 푸르랴
신안 들녘은 어찌나 광활한지
밤에는 하늘 보면서 울었다
잠 못 드는 새벽 더위는
새우 등처럼 굽어
허기진 배 움켜쥐고
다시 맞이할 생존의 벽

행복

산에 핀 꽃
붉디붉은 바다처럼
곱고 아름답다
산에 들에 울긋불긋
행복이 따로 없네
내년에도 그 후년에도
다시 찾아올 따뜻한 봄날
우리네 인생의 불꽃
언제 다시 피어날까나

오월

그 언제인가
진달래 붉게 타오르더니
어느새 오월
푸른 녹음방초
우거진 골짜기 사이로
시냇물 졸졸 흘러내리고
딱따구리 나무를 쪼으면
내 마음 젖게 만드네
풀잎에 맺힌 이슬처럼
바람의 노래처럼
오월은 마음의 등불 되어
타오르네
미치도록 보고 싶은
칭구야 칭구야
사랑하는 칭구야

허무 3

너무 슬퍼하지 마라
삶과 죽음이 모두다
자연의 한 조각
아니겠나
미안해하지 마라
내 마음속에
삶의 그대를 기다릴 것이니
젊고도 아름다운 얼굴에
어느새 빈산에 나뭇잎 지고
봄비만 쓸쓸히 내리네
물은 하나가 되어
강을 이루고 바다를 이루네

가을 그리고

동쪽 언덕에
언제부터인지
자리 잡은 코스모스
고운 꽃 피우며
신작로 길옆 아련히
피어오르는 가을 코스모스
하이얀 먼지를 쓰고
바람과 속삭이며
야속하게 떠나버렸다
약하디약한 모습
간직한 채 바람이 대신
사랑을 고백하고
자취를 감추었다

달

휘영청 보름달
산허리에 걸리고
산골짜기에는
물소리 새소리
온갖 잡새들 소리에
잠들고
가냘픈 보름달 곱구나
정처 없이 흘러가는
조각구름처럼

사월

꽃피고 새 노래하는 봄
푸른 산 넘어
어여쁜 님
날 기다리네
산기슭에 핀 진달래
산새 울음소리는
고향의 찬가
영원히 사랑한다고
언제나 아득하여라
내 고향 시례골

산

산에는 산새의 노래
천상의 화음으로 연주를 한다
오솔길 따라 새빨간 꽃들
태양 빛을 희롱하네
정상에 오르니
나무숲 무성하고
계곡에는 졸졸졸
맑은 물 흐른다
모든 시름 잊고
발이나 담구고 싶은 맘

묵향

밝은 달 맑은 바람
달이 하도 밝아서
별조차 희미하다
살아갈수록
모든 별들과
세상살이 백팔번뇌는
둥근 하늘가 달무리 지네
별보다 더 빛나는 시례골
달빛 어린 그리움도 짙어가는
시례골 어귀에
외로운 등불 하나
어둠을 밝히누나

설악

비단으로 수놓은 듯
아름다운 설악의 풍경
옥처럼 맑은 물이 솟아나는
약수터 오솔길 따라
정상에 다다르니
단풍잎 하늘과 닮았네
밝은 가을 달 둥글게 떠오르고
아름답게 물든 봉오리
바람과 달빛의 조화
자연의 신비로다
솔가지에 바람 불어오니
하늘에서 쏟아지듯
황금빛으로 물드는
설악의 가을

가을 2

산길을 따라
오르다 보니
흰 갈대꽃 피어 있는
쌀쌀한 가을날
개울물이 흘러서
동쪽 하늘빛처럼
넓고 맑은 바다
푸르고 싱그러운 하늘
가을은 시인의 마음

낙엽

낙엽이 떨어지네
아름다운 노래처럼
추풍낙엽
바람결에 흩어지고
바람같이 뒹구네
가을은 고독한 계절
내 마음속 묻어둔 눈물
강물처럼 흐르는구나

장마

장맛비 개인
높은 동산에 오르니
세상살이에 술타령
한잔 또 한 잔
마시고 또 마시는 동안
서산에 해가 지고
동해에는 아침 해가
떠오른다네
시름을 잊고져 물속에
비친 달을 보니
흰 구슬을 담아 놓은 듯
장관이로구나

발자국

울지마라
울지마라
물 위에 편지를
쓰고 싶다
살아갈수록
자꾸만 너의 어깨에
기대고 싶다
눈길에 남긴 발자국만
바라보아도
우리 서로 사랑하고
사랑하고 있다는 것을
알았다오
이른 아침에 다녀간
너의 흔적만 보아도
우리는 서로 사랑하고
진흙 위에 남겨진
그리운 발자국
너와 나의 사랑 이려오

마을

산 중턱 마을
옹기종기 모여서
굽어 치는 강물을 보며
길가에 가로수
운하 다리 위에
고기 잡는 강태공
살림살이
나날이 쓸쓸하다
흘러가는 조각
구름처럼

모내기

사월 초파일이 지나고
낮은 곳으로 물이 흐르니
쟁기질도 힘들다
이제야 모심는 날 잡아
논두렁 가에 발 뻗고
하늘 웃음 짓네
모를 심어 농사 풍년
열매 맺기 기다리며
동동주 한 사발에 목축이며
더 높은 하늘 바라본다

금정산

해가 지고 저편 햇살 속에
푸른 소나무만 있고
숲속으로 날아가는 새
봄을 희롱하며 소리 내면서
짝지어 날아갔다 다시 날아온다
여러 빛깔의 무늬를 수놓은
어여쁜 새들의 노래
산 아랫마을에는 넓고
기다란 들녘이 그림같이
건너편에는 낙동강이 흐르고
금정산의 하루가 저문다

화왕산

물은 맑고 산은 푸르고
새가 노래하니 꽃잎이 떨어진다
화왕산 계곡마다 시원스런
물소리 천년고찰 관룡사
풍경 소리 평화롭다
곳곳마다 아름다운 야생화
뜰 아래 핀 봉숭아 꽃
흐드러지게 핀 모습 화려하네
봄이 오고 있다네
다시 봄이 떠나고 있네

바다가 바다인 이유

모든 사람이
낮잠을 자는 것은
바다의 가을 달 때문일까

바다에 시드는 빛은
무엇을 근심하는
바다의 살구꽃인가

흰 이슬방울
분별없이 내리네
바다의 어느 곳에서나

산다는 것은
바다의 나비처럼 내려앉는 것
홀로 바라보느라
눈물 아롱아롱
바다의 꽃이 필 때면

바다의 숯도 한때는
함박눈이 얹힌
나뭇가지였겠지

서리 내리는 날
머무는 것은 죽은 바다의
그 그림자
겨울 눈꽃

해와 별의 해피하우스로 출근하는 관음보살

권태원(시인 · 평론가)

가장 멀리, 가장 높이 나는 알바트로스 새처럼. 시 나그네, 음악 나그네로 지금 여기까지 주대원 시인은 참으로 멀고 긴 인생의 사막길을 걸어서 왔다. 시인은 왜 시를 쓰는가? 시인은 빛이다. 시인은 우주의 집 보는 햇살이다. 인생의 사막에서 바닥의 밑바닥까지 내려갔을 때도 평생을 바쳐도 후회하지 않을 사랑과 희망의 메시지를 물 위에 쓰고 있다.

주대원 시인의 2시집 『아그리파의 바다』의 갈피갈피마다 시 한 방울, 피 한 방울에 눈물과 고통, 상처와 인내를 발견할 수 있으리라. 좋은 시, 아름다운 예술은 첫째로 쉽고 정직해야 한다. 좋은 시는 거짓말이 덜 섞여야 한다. 새가 새소리를 제대로 내고, 사람이 사람의 목소리를 제대로 노래했을 때 감동은 어느새 알게 모르게 독자 곁에 와 있다.

그 길을 따라 겁 없이 걸었다 그리움 없이도 살아갈 수 있을까. 그리움 없이도 마음이 머물 자리를 마련할 수 있을까. 그리움 없이도 영혼의 향방을 가늠할 수 있을까. 당신을 향한 간절한 외로움 없이 내 삶이 가능하기나 한 것일까.

시인 주대원은 타고난 시인이다. 시인은 만들어지거나, 훈련하고 반복해서 억지로 탄생하는 것이 아니다. 주대원 시인의 김해 시례골에 대한 시와 사랑은 바위처럼 흔들림이 없다. 또한 해마다 어김없이 피어나는 노란원추리꽃처럼 향기롭다. 그러다가 그러다가 시인이 되어 오늘도 하루종일 삼천리 금수강산을 훠어이훠어이 걸어다는 영원한 노스탤지어 시 나그네.

탁월한 언어 감각과 아련한 정서는 훈련에 의해 만들어지거나 머리를 싸맨다고 해서 생산될 수 있는 것은 더더욱 아니다. 따스하고 편안한 시적 매력과 치열한 시 정신이 돋보인다. 생명존중 사상과 평등정신. 여름날 지리산 협곡마다 쿵쾅거리는 폭포수처럼 맑고 향기롭고 강력한 울림을 주는 주대원의 시들이야말로 아무도 오지 않는 빈방, 빈 술잔 속으로 산바람 소리를 가득 담아내고 있다.

사랑의 철학을 감동적이면서도 아름답게 시적으로 승화시키고 있다. 지는 해보다 뜨는 해가 더 슬프다. 더 외롭다. 더 아프다. 그러다가 그러다가 주대원 시인은 시인이 되었다. 사는 일이 힘들고 외로울 때 그는 시를 쓴다. 아무것도 보이지 않을 때, 아무도 오지 않을 때 촛불을 밝히고 시와 만난다. 살아가다 보면 아름다움은 마침내 우리들 생의 뿌리이다. 가난과 진실이야말로 우리들의 시다. 밤이 깊어갈수록 눈이 내리고 있다.

첫날 첫 약속 첫 만남 첫날밤처럼. 사람들은 길을 잃어가는데 별빛 하나가 어두운 우리들의 길을 밝히고 있다. 아 아, 누가 이 땅에 나무 한 그루를 심었던가. 촛불도 꺼져 가는 빈 방에서 박정애는 시를 쓴다. 시를 쓰면서 슬픔의 꽃나무, 눈물의 꽃나무를 혼자 키우고 있다. 세상을 바로 알기 위하여 행복과 희망을 새롭게 만나기 위하여 오늘 밤에도 우리 시대의 마지막 기인 시인 권태원 사진작가는 주대원 시인을 만나고 있다. 그대들의 별을, 그대들의 눈물 섞인 아침이슬을.

사랑하는 당신이여. 당신은 요즘 무엇을 위해 기도하는가. 가령 이런 기도는 어떤가? 지붕으로 상징되는 높은 곳으로부터의 탐미적 관찰을 유희적 리듬에 실어 내는 것은 주대원 시인의 창작 방법이기도 하다. 당신도 사닥다리를 타고 지붕 위로 올라가 보시라. 혹은 당신 몸의 뼈로만 이루어진 문학이라는 사닥다리가 되어 보시든지. 가볍고, 조금은 슬픈, 길 없는 길 위에 서 있는 시 나그네 박정애. 그녀는 맛있다. 그것도 아주 달콤하고 바삭하고 입안에서 사르르 녹는 패스트리 파이 같은.

상처와 치유. 우리는 무겁고 심오한 대화를 화두로 잡았다. 그러나 시인은 그것조차 무림의 권법으로 가볍게 해결한다. 스타카토 형식으로 이어지는 대화. 남에게 상처를 주는 것보다는 차라리 본인이 상처를 입으란다. 유쾌함을 모르는 사람은 심오함도 모르는 법. 심각한 세상을 심각하지 않게. 시인은 어둠에서 밝음을 팅커벨의 요술 막대로 랄랄라 건져 올리고 있다. 지금, 여기 주대원 시인은 깊은 곳에 상상을 그물을 드리우고 있다. 당신도 그런 바람 기운이 느껴지는가.

잘 감각해 보라. 혹시 당신이 그토록 사랑했던 햄릿이 온

전한 모습으로 당신의 깊은 잠을 깨우기 위해. 당신에게 감미로운 세 번의 입맞춤을 선물하기 위해 다가오는 하늬바람일지도 모르므로. 주대원 시인은 천 개의 바람이 되어 새소리 물소리 바람 소리로 속삭이고 있다. 비밀을 살다 가는 우리 시대의 아름다운 바람이다. 시인의 머리 위로 떨어지는 봄날은 오고 있다. 세상의 말로는 풀 수 없는 생사일여(生死一如)의 화두로. 그리움과 외로움을 잣는 시 나그네, 음악 나그네, 그림 나그네 주대원 시인.

사람이기를 시인이기를 죽을 때까지 가수이기를 촛불 앞에 순결해진 마음문을 활짝 열어보고 있다. 첫눈이 내린다. 내리는 눈 밑에 외롭고 가난한 산동네 사람들이 매달리고 있다. 또박또박 따라오는 눈 발자국은 시인의 뒷모습을 닮아 있다. 사람 그림자를 잃은 용두산 공원과 자갈치 새벽시장으로 주대원 시인은 천천히 말없이 걸어가고 있다. 사막 위의 낙타처럼. 배반하며 열광하며 상투적이며 느린 기억들이 한순간 시인의 등 뒤로 천천히. 깜박 경계를 넘어서고 있다.

누가 하늘을 보았다 하는가. 이제 주대원 시인은 한국민족문학의 한복판에 하이얀 배꼽을 쑤욱 내밀어놓은 생불처럼 운주사 와불처럼 가부좌하기에 이르고 있다. 그의 아름다운 시야말로 그 원천이 자연의 아름다움, 경이로움에 대한 눈뜸에 존재한다. 황홀한 눈뜸이라는 말이 알맞을 것이다. 자연을 절대 침묵으로 관조하는 독특한 시각은 그의 삶에서 연유하는 것이리라. 또한 그의 마음이 자연을 향하여 활짝 열려 있음을 시사하는 것이다. 지금 이 시대는 누구나 장애인이 아닌가. 생각중단. 결정 장애.

문학세계대표작가선 852

아그리파의 바다

주대원 제3시집

인쇄 1판 1쇄 2018년 6월 20일
발행 1판 1쇄 2018년 6월 27일

지 은 이 : 주대원
펴 낸 이 : 김천우
펴 낸 곳 : 도서출판 천우
등 록 : 1992. 2. 15. 제1-1307호
주 소 : 서울시 성동구 무학봉28길 6 금용빌딩 2F
전 화 : 02)2298-7661
팩 스 : 02)2298-7665
http://moonhak.wla.or.kr
E-mail : chunwo@hanmail.net

값 10,000원

ISBN 978-89-7954-722-1

이 도서의 국립중앙도서관 출판예정도서목록(CIP)은 서지정보유통지원시스템 홈페이지(http://seoji.nl.go.kr)와 국가자료공동목록시스템(http://www.nl.go.kr/kolisnet)에서 이용하실 수 있습니다. (CIP제어번호: CIP2018019444)